神仙

【中国传统题材造型】

徐华铛 ■ 编著

■ 中国林业出版社

图书在版编目（CIP）数据

中国传统题材造型．神仙／徐华铠编著．－北京：中国林业出版社，2011.7
ISBN 978-7-5038-6285-4

Ⅰ．①中…　Ⅱ．①徐…　Ⅲ．①神－中国－图集　Ⅳ．① J522

中国版本图书馆 CIP 数据核字（2011）第 153532 号

丛书策划　徐小英
责任编辑　徐小英　杨长峰
封面设计　赵　芳
设计制作　骐　骥

九歌礼魂　延艺堂张立人

出　　版　中国林业出版社（100009　北京西城区刘海胡同 7 号）
　　　　　http://lycb.forestry.gov.cn
　　　　　E-mail:forestbook@163.com　电话：(010)83222880
发　　行　中国林业出版社
印　　刷　北京中科印刷有限公司
版　　次　2011 年 7 月第 1 版
印　　次　2011 年 7 月第 1 次
开　　本　190mm × 210mm
字　　数　142 千字　　插图约 260 幅
印　　张　7.5
印　　数　1 ～ 5000 册
定　　价　48.00 元

童子献寿　象山竹根雕

编著：

徐华铛

摄影及照片提供者：

徐华铛　王清梅　陶海峰

周洪洋　郑剑夫　朱振华

徐积锋　徐　艳　郭利群

林格峰　林兴坦　黄榕国

此中别有一方天

——为华锴君的"中国传统题材造型"系列丛书作序

工艺家、鉴评家徐华锴，才足兼通，流可归杂，然述而有作，自具器识，染指文墨，每有异响。尤在工艺美术领域，其对作品的推介及史论的研索更有建树，迄已成书六十余部，行文百数万言，可谓书香盈门，硕果满枝。

艺文之果，声希踪远，其于民族艺术之激扬自有催化之力，于工艺史论的研究更有奠基之功。华锴君其自出道始即耽缅于民族艺术之汪洋，耘耕于传

神仙造型之一　邱日炎藏

神仙造型之二　徐炳钦

统文化之沃土，于故纸堆里淘金，从瓦砾丛中拾珠，孜孜兀兀，心无旁骛，寒暑数历、春秋几度，纵茧缚其无悔，开花甲而依然。就凭这股子精神，前路自必成蹊矣。

徐华铛著书，自有面向，自有所持，自有风致。为致实用计，他坚持图文并茂甚而以图为主，附图务期精，务期多，所选图例既有传世之古物，公认之佳作，更有见所未见搜罗于乡野坊间的遗珠。图又分真赝，真者即影像件，赝者即摹写本，前者之优，真切如在；后者之胜，洗练明确。行文方面，他坚持以浅显的语言，述说梗概，阐发深义，既有渊源的追溯，又有理论的扶持。正是这种坚持，他的著作可视可读，宜赏致用，颇得读者缘。

我与徐华铛是师生更是朋友，20 世纪 80 年代初他在浙江美术学院（现为中国美术学院）修习时，我是他的老师，续后交往依然绵密。尔来几近三十年矣，他已开甲，我逾古稀，故人间之交往自应归于友道了。华铛君是在从事工艺美术创作与研究中胜出的，他在入读美术学院之前早有文名，而著书则在稍后。先是兴之所致编写一些小集子，其中亦有与同好合作写成的。获得好评之后则更一发不可收。他素有寻根溯源的兴味，更有敷演于文字的冲动，加之他的勤勉与毅力，终于勃发不竭，蔚成大观。乃尔赞之以诗曰：

破读天书意近狂，　文山墨海任苍茫。
勤诚不废和人佑，　茅舍荆篱出凤凰。

抟泥磨石润渊源，　长夜孤灯批旧篇。
沙里淘金岂论价，　此中别有一方天。

傅维安
2011 年 6 月于中国美术学院

（傅维安：系中国著名动物雕塑家、中国美术学院教授）

目 录

铁拐李 李泽棉

中国传统题材造型 神仙

铁拐李　清中期藏品

七、彭祖——中国的长寿之祖········70

刘海戏蟾　柳成荫

中国传统题材造型

神仙

十七、神仙头部造像集锦·········112

后记：从传统走向现代·········120

云游道长　陈知良

绪论：凌跨雅俗道神仙

神仙，是中国特有的产物，他吸天地之精华，养日月之浩然，栖身宇宙，寄托空灵，腾云驾雾，来去无踪。而研究神仙的学说则是一种学术流派，萌芽于战国时代而盛行于汉代。其宗旨是让人们相信宇宙中存在着仙境、仙人、仙药与仙方，通过自己的种种努力，便能达到长生不老的神仙境界。

对神仙的信仰是道教的基本特色。道教认为，只要诚心修炼，人就可以长生不死，就会成仙，他的肉体就会长久存在。一旦成为神仙，就可以自由选择，既可以在地上，也可以到天上，并拥有超凡凡人的种种神通，从而达到"济亡渡人"的目的。因此，神仙成了我国古代劳动人民追求自由理想的化身。

道教中的神仙名号很多，成千上万，其中有不少是历史上的真实人物，也有种种民间传说中的神话人物。道教的神仙体系完全照搬人间社会，在神仙世界里，机构庞大，每个神仙都有自己的职能，也有自己的"领导"。如道教中拥有最高神力的为"三清至尊"，道教的教主是"太清道德天尊"，也就是老子。道教中的玉皇大帝是神仙中的皇帝，管辖一切天神人鬼，手下有许多文武仙官，如四大天王、二十八宿、太白金星、四大龙王等等。道教中的西王母则是女仙中的首领。其次为天地日月晨辰中的诸神、灵官、太岁及真人仙人等，林林总总，蔚为壮观。

为虚无飘渺的神仙造型，是一门新的学问，既熟悉，又陌生，塑悉的是神仙的形象大多诞生在老百姓的传说中，在大家的心目中有一个理想化的形象；陌生的是口头语言和文字的表达只可意会，而形象的塑造却是一个全新的创造。

古人论画有雅俗之辨，雅者，指的是清事、韵事、书卷气；俗者，则是迎合芸芸众生的市俗世情。作为人们津津乐道的神仙造型，则需要雅俗共赏。这本中国传统题材造型中的《神仙》形象，既有古雅前贤之清韵，亦得时风世俗之畅意，称得上是"凌跨雅俗"

了，如"紫气东来"中的老子，"八仙过海"中的八仙，"金钱吊蟾"中的刘海，"和合二仙"中的寒山、拾得，"引福归堂"中的钟馗等等，这种种形象均是老百姓喜闻乐见的吉祥类神仙，比起浩瀚如海的神仙体系，仅是昆山一叶，邓林一枝。然而，窥一斑能见全豹，让我们沿着这本书介绍的部分神仙规迹，去窥探一下中国瑰丽多姿的神仙文化以及造型艺术家们凌跨雅俗的创意理念。

福星（钢雕） 杭州东方文化园

一、老子—道教学派的创始者

老子，是道家学派的创始人，后被奉为"太清道德天尊"，是道教教主，亦是各路神仙的掌门人。

太上老君　佚名

老子论道　刘泽棉

老子在历史上确有其人。他姓李名耳，又称老聃，春秋时楚国人，是一位大思想家、哲学家，官至东周守藏室史，潜心道术，清净无为。孔子曾向老子求教，十分钦佩他的学说，把也誉为神通广大的龙。传说他刚出生时就长着满脸的皱纹和胡子，故称为"老子"。

老子　谭荣初

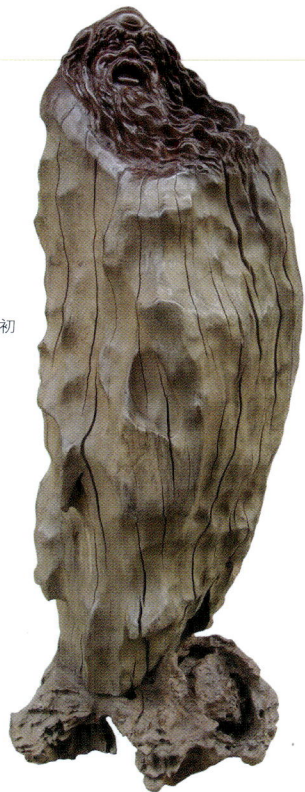

老子（局部）

13

在民间流传很广的成语"紫气东来"，讲述了老子弃官西行，过函谷关的故事。在汉代学者刘向著的《列仙传》中记载着这个传说，说的是函谷关关令尹喜，自幼饱览古籍，精通历法，善观天文。一天夜里，他见东方紫云聚集，形如飞龙，自东向西滚滚而来，自语道："紫气东来三万里，圣人西行经此地，青牛驾车载老翁，藏形匿迹混元气。"知有大圣人将从此经过，次日，便派人清扫道路40里，夹道焚香，以迎圣人。到日已偏西之时，只见在行人中有一辆青牛拉的车，车上坐着一位白发老翁，红颜大耳，双眉垂鬓，胡须拂膝，身着素袍，道骨仙貌，非同凡人。尹喜即知是圣人，便在牛车数丈前跪拜相迎，并一再邀请圣人进关休息。这圣人便是老子，从此尹喜做了老子的入室弟子。

石湾陶瓷艺术家刘泽棉创作的"紫气东来"，黄杨木雕艺术家金煜平创作的"老子入关"就表现了这个题材。

紫气东来　刘泽棉

老子出关　金煜平

中国传统题材造型

神仙

老子在函谷关住下后，见尹喜心慈人善，气质纯清，便养精蓄锐，为尹喜著书，名为《道德经》。《道德经》分上下两篇共81章，上篇37章为《道经》，言宇宙根本，含天地变化之机，蕴神鬼应验之秘；下篇第38章开始为《德经》，言处世之方，含人事进退之术，蕴长生久视之道。老人将此两书交给尹喜，叫其"研习苦修，终有所成。"言罢，飘然而去。

此后，老子的名声鹊起，到唐代高祖时期，李渊因老子与自己同姓，便加倍崇奉，在全国各地立庙祭祀。在香烟缭绕中，老子又列入神仙行列，成了"太上老君"。

中国的造型艺术家们通过老子观经、写经、悟道、讲道、传道、过关等一系列行动，以木雕、泥塑、陶瓷、竹编、古沉木雕、根雕的形式，创作了老子各种风貌作品，反映了老子"天人合一"、"有容乃大"、"紫气东来"等的道教精神世界。

博大精深　詹明勇

以德孕德　吴建锋

老子　吴杰

老子说道　黄辉

竹编"太上老君"　蔡平义

有容乃大　大拙轩

古沉木雕"道法自然"是根雕艺术家詹明勇的杰作，作品刻画了道教创始人老子的艺术形象，他双手伸举，呈左右对称状，目视前上方，长须、长眉与一袭长衫巧妙地融合成一体，面露祥容，嘴含微笑。面对这尊黑色沉稳的作品，耳畔仿佛响起老子在函谷关口吟诵的《道德经》："道可道，非常道；名可名，非常名。无名，天地之始；有名，万物之母。"老子以"道"解释宇宙万物，"道"即客观自然规律，因而，"人法地，地法天，天法道，道法自然。"作品运用古沉木这个载体，恰到好处地表现了老子"道法自然"的精髓。

上海旺家根雕艺术馆陈列的作品"天人合一"，

道法自然　詹明勇

天人合一　上海旺家根雕艺术馆

17

由一块巨型的根材创制，树根的纹理走向自上而下，较为规整。"天人合一"的创制者淡化了整体的具象造型，而把艺术的刀功集聚在老子的脸部上，因为人的精、气、神大多是从脸部以及脸部的眼睛、嘴巴表现出来的。其余部分则随形就势，不再雕琢。你看，老子面目端祥，嘴含笑意，长须整齐并顺着树根的纹理延伸，与长衫有机地融合在一起。他正在向人们讲道，似乎讲到动情处，忘情地举起右手，扬出食指，以示"一"字，阐述着"天人合一"的道理。

悟道　延艺堂张立人

悟道（侧面）

上海延艺堂泥塑艺术家张立人创作的"悟道"，刻画了老子在总结自己的学识之余，再次深入感悟道中之理的形象。这是一件高格调的艺术作品，形体简洁、对称而生动，那下垂微闭的眼睛，那紧眠的嘴唇，那深思专注的神情，使我们感到老子正悟到实处。而延伸到衣襟的逢松长胡须和下垂的眉毛融合在一起，不仅给人以装饰的美感，也给老子凭添了几分岁月的沧桑。

二、九歌—屈原笔下的鲜活神灵

《九歌》是古代诗人屈原根据民间祭神乐歌为素材创作的一组光辉诗篇，充满爱国的浪漫主义色彩。上海延艺堂高级工艺师张立人用彩塑再现了《九歌》的风采，成为造型中的经典。

屈原的《九歌》共十一篇，张立人归纳成十个人物形象：东君、云中君、河伯、东皇太一、湘夫人、大司命、少司命、山鬼、国殇、礼魂。

"东君"是古代神话中的太阳神。张立人塑造了东君面对凶恶的天狼星，扬弓取箭，为民除害的形象。东君环眼虬髯，魁梧壮美，面对邪恶，怒目喷火，其凛然气势，犹如奔腾咆哮的大河，势不可挡。东君遍身通红的色调，则象征太阳的光辉。人物上身的倒三角和下肢的两个圆形有机地结合，稳如泰山。弓和箭的一竖一横和两条手臂的交叉形成参差对比。奔放飘逸的浓密长发打破了造型上的平衡，使浓发的气势和喷火的眼神生动地交织，体现了太阳神"清除邪恶、广布德泽"的意蕴。

九歌人物之一：东君　延艺堂张立人

"云中君"是云之神。张立人塑造了一位婀娜多姿的少女来象征云神。少女上身赤裸，黑色的长发顺着手臂的方向飘拂，造成向外放射的动向线。飘带和胸罩，装饰着云纹图案。白色的长裙、蓝灰的裙带、淡黄的图纹衬托着肌体的淡淡肉色，使整个形象统一在素雅、轻快的浅调子中，犹如飘拂的云朵，和谐悦目。创制者还别出心裁地运用立体构成的方法，把光灿灿的铜丝卷曲成一股由小到大的环状圆圈，从云中君的手中奔泻而下，舒卷自如，光被长天，较好地体现了"布甘霖于天下，施泽恩于黎民"的诗意。

九歌人物之二：云中君　延艺堂张立人

中国传统题材造型

神仙

"大司命"是神话中主宰人类寿命的神。张立人塑造了一个冷酷、严峻而又诡秘的男性形象。大司命扬臂侧身，上身的肩、臂和衣袖被夸张了，从而突出了手中那杆掌握人类命运的朱笔和揣在怀中的寿命簿卷。并有意让衣袖遮住脸的下部，使笔墨置于威严的目光之下。额上的明珠又加重了慑人的力量，令人悚然敬畏，较好地表达了"何寿夭兮在予"的意境。

九歌人物之三：大司命　延艺堂张立人

"国殇"是哀悼为国捐躯将士的祭歌。当时的楚地人民在强秦压境下，英勇奋战，视死如归。张立人把战争的壮烈场面集中在一个为国捐躯的将士身上。将士叉开双脚，双手紧攥长戈，身躯挺拔，雄健宏浑。闪耀的双眼向上射出刚毅的寒光，表现了为国牺牲将士英勇无畏的气概。将士已为国捐躯，故人物肌体采用了泥土本色，与闪亮铜丝穿缀的甲骨，形成生与死的质地对比。创制者又在将士身上干擦青粉，在双目中点上绿光，在头盔上插上羽毛，使整个形象凭添了一层肃穆、凝重、悲壮的气氛，体现出"身既死兮神以灵，予魂魄兮为鬼雄"的诗意。

九歌人物之四：国殇　延艺堂张立人

中国传统题材造型
神仙

其他如"东皇太一"、"河伯"、"少司命"、"湘夫人"、"山鬼"、"礼魂"的形象都各有特色。如"东皇太一"是天上尊贵的大帝，作品突出了大帝威严、仁慈和豪华的仪态。"河伯"是祭祀河水的乐神，作品以河伯骑白鳖在黄河中遨游的形象来体现。"少司命"是主宰儿童命运的神，塑成了一个怀抱婴儿的温柔少妇。"湘夫人"是祭礼湘江水神的祭曲，创制者用蛾皇和女英投水前抱头痛哭的形象来体现。"山鬼"是祭祀山神的乐歌，塑造了一个美丽而又纯洁的少女形象，并以山中大王猛虎作陪衬。"礼魂"是诗篇《九歌》的尾声，舞女手捧香草、蔓萝、花朵，呈"S"形翩翩起舞，体现了对神灵的虔诚和祝祷。

九歌人物之五：东皇太一　延艺堂张立人

九歌人物之六：河伯　延艺堂张立人

九歌人物之八：少司命　延艺堂张立人

九歌人物之七：湘夫人　延艺堂张立人

九歌人物之九：山鬼　延艺堂张立人

九歌人物之十：礼魂　廷艺堂张立人

整组彩塑形象洋溢着屈原的爱国激情和浪漫主义色彩，服饰反映了战国时期的风貌，图案借鉴了楚国青铜器和漆器的纹样，时代感很强。

在气势恢宏的浙江上虞大舜庙中，专门给"湘夫人"女英和娥皇置立了木雕彩绘像。传说女英和娥皇是尧的两个女儿，后来都嫁给了大舜，故作为大舜的夫人，放置在庙中。

湘夫人之一：女英　叶萌春

河伯　刘泽棉

湘夫人之二：娥皇　叶萌春

为能使大家欣赏到《九歌》中不同风格的神仙造型，我们撷取了石湾陶瓷艺术家刘泽棉创作的"河伯"和"大司马"，供大家品味。

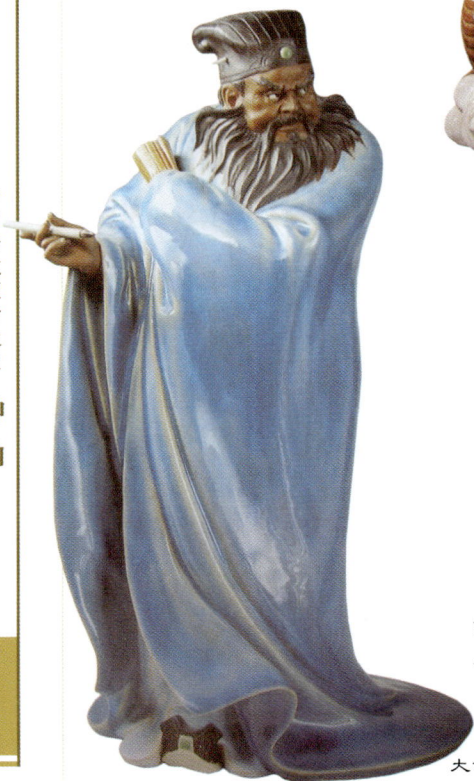

大命司　刘泽棉

三、和合二仙——祥和融合的喜庆神明

和合二仙是民间信仰广泛的两位喜庆之神。"和"仙叫拾得，"合"仙称寒山，相传苏州寒山寺便是和合二仙建造的。

唐代贞观年间，浙江天台山出现了两位传奇人物——寒山和拾得。寒山隐居于天台山翠屏峰寒岩幽窟中，故名为"寒山"。拾得本是孤儿，为天台山国清寺的老僧丰干在途中收养，故名"拾得"。拾得在国清寺长大后，便在寺中的厨房里洗碗筷。寒山饮食无着落，常到国清寺找拾得要剩饭吃，两人相依为命，成了好朋友。

这时，寒山与拾得之间发生了一件难解之事，他们同时爱上一个姑娘，而寒山不知。将婚时，寒山方知真相，为成全拾得，弃家来苏州枫桥削发为僧。拾得深感不安，也舍女来寻寒山，探知寒山住地后，折一朵盛开的荷花作为礼物来见寒山。寒山感激拾得的朋友情谊，忙捧一盒斋饭来迎接，寓意和（荷）合（盒）。故友重逢，两人高兴得相向而舞，并发誓永不分离。后来，他们一起在苏州枫桥开山建寺，这就是"寒山寺"。直到现在，寒山寺里还存着一块青山碑，碑上刻着兄弟俩的形象，上面写着寒山、拾得的名字。但是老百姓不识字，只知道一个拿"荷"，一个捧"盒"，因此称之为'和合'。

寒山和拾得在寒山寺内结庐修行，慈悲济世，和合人间，最后修成正果，成了"和合二圣"，又称"和合二仙"。寒山拾得精诚相处的情感，互敬互让的情义，生动地展现了朋友间的"和合"情谊。"和合"是由深厚的中华文化沃土培育起来的一种境界，和合的"和"，是指和谐、和平、祥和；"合"指合作、友好、融合，是中华民族多元文化所整合的一种人文精神。故"和合二仙"深得民心，常常供奉在婚嫁喜庆场合的中堂。

和仙　张浙英

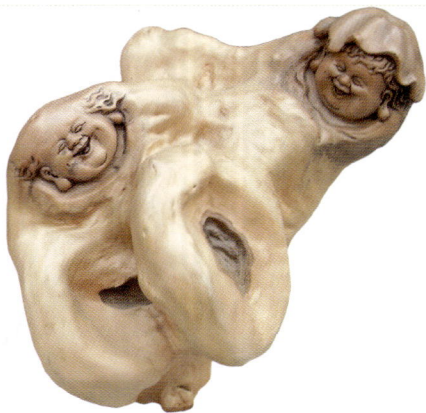

永结同心　佚名

中国传统题材造型

神仙

合和二仙　杭州东方文化园

牙雕作品"和仙"与"合仙"，分别表现了两位稚气未脱的古代童子，额头两侧丫髻双挽，大耳垂肩，体态丰腴，神情憨厚，欢快而可爱。他们手中的"荷"和"盒"，分别寓意"和"、"合"。而杭州东方公园内的铜雕"和合二仙"则是两位青年人的形象，与传说中的情节更为吻合。下面我们特选择了竹根雕、古沉木雕和根雕等艺术家创作的"和合二仙"作品，让读者来解读他们如何用雕刀来理解这一题材的心路情迹。

和仙 （牙雕） 佚名

合仙 （牙雕） 佚名

和合 张浙英

和合万年　象山竹根雕

不离不舍　朱振华

和合人间　象山竹根雕

结庐同行　象山竹根雕

在祥和中成长　品根斋

和合同体　张立人

同甘共苦　郭洪斌

精诚相处　裴晓东

和谐永年　周皓

四、刘海——财源广进的福神

　　刘海，本名刘操，字昭远，五代时期人，居燕山一带，曾为燕王的丞相，后学道成仙，取道号为"海蟾子"，称为刘海蟾。后来，由这名字又引伸出刘海戏金蟾的传说。刘海戏金蟾是令金蟾吐金，施济天下穷人。

　　由刘海戏金蟾演变为钓金蟾，刘海遂成了一位财神。这位财神爷以其特殊的本领给人间带来金钱，他钓金蟾，金蟾则吐出金钱，金钱又被源源不绝地散布到人间。　传说中的刘海是个仙童，前额垂着整齐的短发，骑在金蟾上，手里舞着一串钱，是传统文化中的"福神"。金蟾为仙宫灵物，古人以为得之可致富。刘海戏蟾中的是三足蟾，是被神化了的蟾。古人们认为蟾能镇凶邪，助长生，是主富贵的吉祥之物，虽然满身钱味，但并不觉得俗气。其硕大的嘴，暴突的眼，以及喜洋洋的神气，给人一种吉庆的情趣。刘海戏蟾，步步钓钱，寓意财源广进，大富大贵。

　　刘海戏蟾是艺术家们表现十分广泛的题材，定格在这本集子中的有紫砂、泥塑、木雕、根雕和古沉木雕；作者有老一辈的艺术家柳成荫、郑剑夫、张立人；有年轻的艺术家俞赛炜、朱振华、楼浩彬，是他们用双手创制了刘海戏蟾时的种种风采。

海蟾子　郑剑夫

金钱戏蟾（侧面）

金钱戏蟾 柳成荫

刘海　郑剑夫

拾得与刘海　张立人

福神刘海　俞赛炜

戏吊金蟾　象山竹根雕

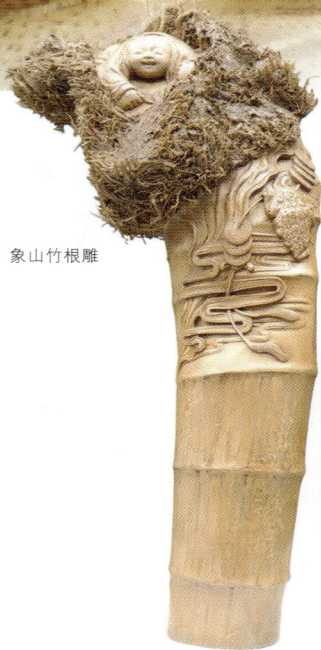

源远流长财运旺　陈盘大藏

吊得金钱滚滚来　陈盘大藏

三足金蟾　楼浩彬、厉锦兰

刘海戏金蟾　朱振华

五、八仙—道教神仙组成的群体

八仙，是八位道教神仙组成的群体，他们是铁拐李、钟离权、张果老、吕洞宾、何仙姑、蓝采和、韩湘子和曹国舅。

八仙的传说很多，最著名的是"八仙过海"，故事讲述了八位神仙从瑶池祝寿回来，一时高兴，便在东海上各自使出自己的宝贝显示威力。贪心的东海龙王之子看了眼馋，便掳了蓝采和的玉板。其他七位神仙通力协作，要回蓝采和的玉板后斩了龙王的大太子，又伤了龙王的二太子。东海龙王着急了，即邀集其他三位龙王和八仙斗法，闹得不可开交。最后经观音菩萨调解才平息风波。故"八仙过海，各显神通"成了人们施展自己才能的成语。

八仙　丁国斌

八仙过海　方可成

铁拐李（局部） 邢建国

铁拐李 邢建国

下面我们推出木雕艺术家邢建国创作的"八仙过海"中的八位神仙，以飨大家。

铁拐李又称李铁拐，是八仙之首，原名李玄，又名洪水，据传为隋朝时峡地人。铁拐李身材魁梧，年轻时便在岩穴中修道。一天，李老君和宛丘两位仙人降临到他住的山上，授予他高深的道法，使他成了道行高超的仙人。

铁拐李性直而风趣，乐善好施，解人危难，在民间影响很大，人们喜爱他，尊敬他，全然不在乎他那副又黑、又丑、又拐的模样。铁拐李身背的大葫芦里，有治病救人的灵丹妙药，故被尊为药仙。

钟离权，字寂道，号云房先生、陕西咸阳人，生在汉朝，故人们又称他为汉钟离。钟离权曾在朝中任大将军之职。一次钟离权带兵征吐番失利，单骑逃入山谷迷了路，一个披着白鹿裘皮的老者，接待了他。这位老者是个异人，教给钟离权《长真诀》以及许多仙术。后来，钟离权又遇到华阳真人，学得了更深的道法。仙人王玄甫也授予他长生秘诀，最后，钟离权入崆峒山修成真仙。钟离权名声很大，地位很高，全真道将其奉为道派祖师。

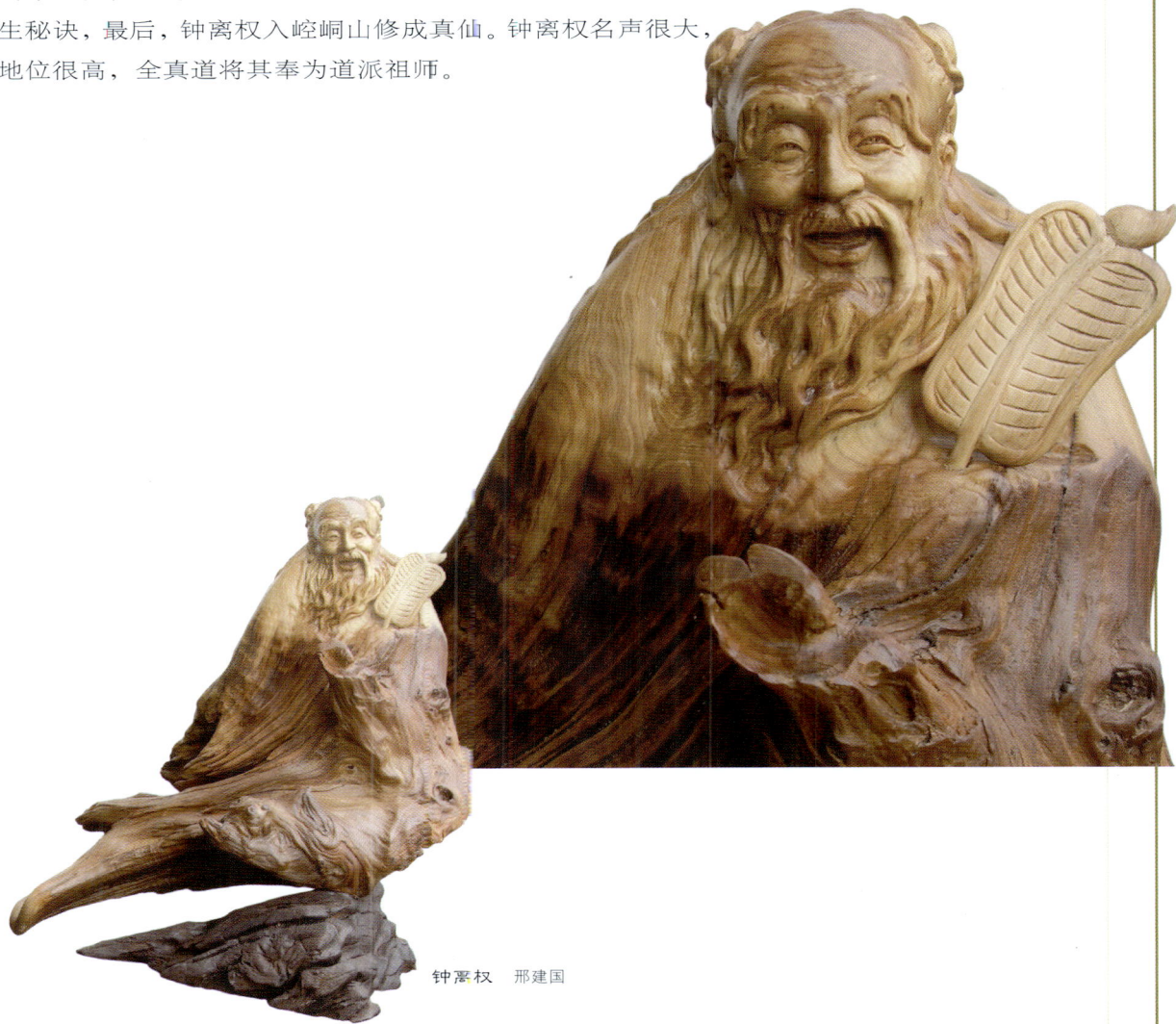

钟离权　邢建国

张果老是唐代道士，叫张果，名后添"老"是对他的尊称。张果老说自己得长生秘术已经数百岁了。他隐居在恒州中条山，常往来于汾晋之间，倒骑的一匹白驴日行万里。张果老歇息时就把驴子像纸一样叠起来，放在箱子里，要骑的时候，就用水一喷，立刻又变成驴子。后人给张果老题了这样一首诗："举世多少人，无如这老汉，倒骑白毛驴，万事回头看。"颇有意趣。

张果老　邢建国

中国传统题材造型

神仙

吕洞宾　邢建国

　　吕洞宾，又名吕岩，号纯阳子，唐末河中府永乐县人。自幼聪慧过人，出口成章。吕洞宾外形甚异，虎体龙腮，凤眼朝天，双眉入鬓，天庭饱满，鼻梁高挺，左眉角有一颗黑痣，常戴一顶华阳巾，身穿黄衫，腰系长带子，可谓仙风道骨。吕洞宾游庐山时，遇到火龙真人，传授他天遁剑法。六十四岁那年，在长安酒楼碰到钟离权，两人谈说投机，钟离权收他为徒，授他延命之法和金液大丹之功。

　　吕洞宾集"剑仙"、"酒仙"、"色仙"于一身，风流潇洒，在道教中的地位极高，全真道奉他为"纯阳祖师"，通称"吕祖"，是八仙的中心人物。吕祖宫位于北京金融街，是北京市道教协会所在地。

何仙姑，八仙中唯一的女性，是最后定编在八仙中的女仙，出生于唐武则天时代，广州增城人。小时候由一位姓何的道人收养，故姓何。何仙姑十三岁入山采药时，遇纯阳仙师，赐她一桃，吃后肚子不会饥饿，并知晓人间的祸福。十四五岁时，梦见神人教她吃云母粉，从此身轻如燕，步行如飞。唐武则天很想见她，遣使召她入宫，中途失踪了，后何仙姑白日升天。唐天宝九年，何仙姑又出现在麻姑坛上，有五色祥云缭绕。

何仙姑　邢建国

中国传统题材造型

神仙

蓝采和　邢建国

　　蓝采和，出生年代不祥，是个快乐的年青神仙。他常穿蓝衫，腰系黑色腰带，一脚穿靴，一脚赤足。他不知冷热，夏天在衣服里塞满棉絮，冬天则躺在雪地上也大汗淋漓。蓝采和常执三尺玉拍板边乞边歌，似狂非狂，机捷谐谑，歌词随口编成，极富哲理。他还驻颜有述，过去几百年，仍是一幅娃娃脸。成仙之后，蓝采和常去深山采花，放在花蓝中，待采满后，再将花蓝抛向天空，所散之花，五彩缤纷，不仅漂亮，还能调节气候，以利人间农事。

韩湘子，字清夫，据说是唐代大文学家韩愈的侄子。性狂放，善饮酒，喜吹笛。一日，遇吕洞宾，跟他学道。传说韩湘子在韩愈面前吹笛一曲，使百花开放。最奇的是花上有紫色字迹，成一对联：云横秦岭家何在，雪拥蓝关马不前。韩愈不晓其意，韩湘子说，以后自会对应。后来韩愈冒犯了皇帝被贬到潮州，上任途中，韩湘子冒雪前来送行，对他说，当年花上的紫色对联说得就是今天的事，因为此地正是"蓝关"。

韩湘子　邢建国

中国传统题材造型

神仙

曹国舅　邢建国

　　曹国舅，名曹俏，又名景休，据说他是宋朝大将曹彬之孙，宋仁宗曹皇后的长弟，故称"国舅"。曹国舅天资纯善，不喜富贵。他有个弟弟是个花花太岁，仗势欺人，霸占民女，无恶不作，使曹国舅深感羞耻，遂远离繁华，到山林隐居，布衣素食，一心修道。有一天，曹国舅遇到钟离权和吕洞宾，请教道术。二位仙长便传授他还真秘术，携手云游四海，使曹国舅成了八仙中最晚得道的仙人。但在传统造型中，"国舅爷"仍然与众不同，有的还是一身朝服。

也许，人们要问，钟离权、吕洞宾和曹国舅均不是同朝代的人，怎么能凑合到一起呢？其实，这正反映了中国人对神仙"长生不老"的一种观念。

长期以来，人们不断地将民间的种种传说加到八仙的身上，使八仙的故事越来越丰富，也越来越离奇，有的还将人间的市井民俗、七情六欲等也带给了八仙，使面目呆板的神仙也带上了人间的烟火，变得有血有肉、生动传神。这些脍炙人口的八仙故事，至今仍是人们茶余饭后的谈资，也成了造型艺术家们乐于表现的题材，这里特撷选造型艺术家创作的10余幅有代表性的八仙作品，供大家鉴赏。

铁拐李和蓝采和　杨国强

吕洞宾和何仙姑　杨国强

曹国舅和钟离权　杨国强

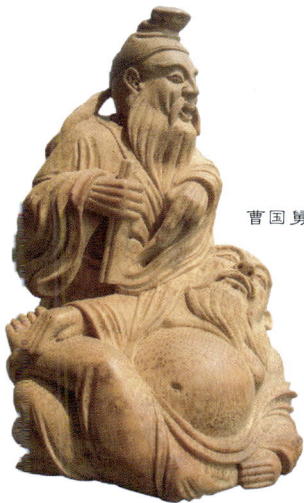

张果老和韩湘子　杨国强

铁拐孛（背面） 清中期藏品

铁拐孛（正面） 清中期藏品

作品"八宝如意"展示的是八位神仙手中的宝物，又称"暗八仙"，它们是：汉钟离的扇、吕洞宾的剑，张果老的渔鼓，曹国舅的玉板，铁拐李的葫芦，韩湘子的箫，蓝采和的花篮，何仙姑的荷花。

铁拐李　刘泽棉

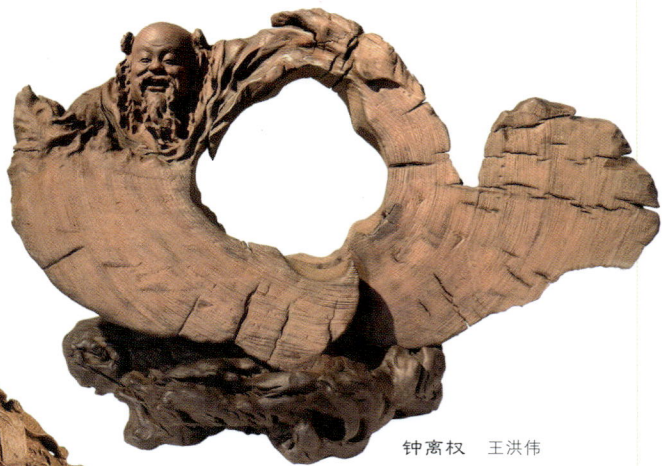

钟离权　王洪伟

八宝如意　杨荣龙

"三星高照"是"猎户星座"中三颗闪烁着青蓝色光芒的星，按照民间的说法是指福、禄、寿三星。这三颗星在除夕之夜的 21 时左右升入正南方的天空，也就是这一夜最高的位置，迎接新年的到来，故称"三星高照"。

三星是掌管人间祸福的，福星管福让，禄星管富贵，寿星管生死。"三星高照"象征着幸福、富有和长寿。其中民间流行最广的是寿星。

自古以来，人们对长寿寄予无限的希望，"老寿星"便成了长寿的象征。后来，人们把寿星人格化了，变成了一个长头高额、双耳垂肩、身材短小、胡子花白、常带笑脸的形象，寿星的左手往往挂一根龙头弓杖，上挂装有仙丹的葫芦，左手持一个长寿的仙桃，成了人人皆喜的神灵。造型艺术家们往往以此为依据进行创作。

丰高雅崎多　柳成荫

寿星又称南极仙翁，是一位远离凡尘的天上神仙。自周秦以来，历代皇朝都把对寿星的祀典列为国家级别的仪式。民间常把寿星与福星、禄星合在一起，称为"福禄寿三星"。三星到户是人们对美好生活的期盼。

　　"笑嘱童子云游去"是由工艺美术师谭荣初创作的，谭荣初有较强的造型能力，在他的雕刀下，赋予这位鹤发童颜的寿翁以新的生活气息，注入了新的艺术生命。特别是寿星的脸部刻画，谭荣初处理得十分到位，你看，那弯成月牙形的眼睛炯炯有神，那下垂的眉毛与有条不紊的胡子有机融合，那张开的笑口牙齿整齐，再加上突兀的脑门，饱满的双颊，这一切都构成了一个健康而有生机的老翁欢乐之脸。他笑得那么的慈祥，那么的自信而亲切，对着依偎在膝下撒娇的稚童在殷殷的嘱托，他将外出云游，叫童子照顾好门户。整件作品充满着生机与活力，一股延年益寿的春风向人们扑面吹来。

笑嘱童子云游去　谭荣初

人们历来对寿星厚爱有加，期盼能得到掌管生死之神的寿星保佑，使自己能"白首壮心驯大海，青春浩气走江山"。为此，造型艺术家们创作了多种多样的寿星形象，在这本集子中，我们选取了30余幅寿星造像，供大家欣赏。

寿星与童子　佚名

福寿长春　佚名

61

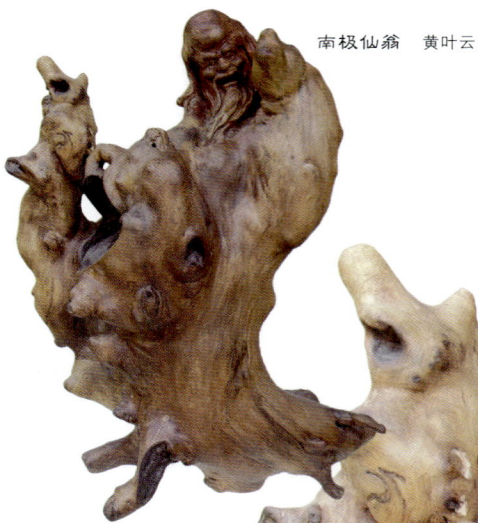

南极仙翁　黄叶云

如意寿星　上海帝王根艺

寿与天齐　张立人

寿星与麻姑　李星

寿星临门　陈志华

乐享退龄　谭荣初

福寿有余　象山竹根雕

鹤鹿同春人长寿　清代藏品

红桃寿千秋　吴杰

乐　叶小鹏

寿比南山　詹明教

寿祝千秋　佚名

祝寿图　马良勇

祝寿图（局部）

寿添沧海日，松祝小春天　林成阳

盛世长寿，百岁不老　吴筱阳

蟠桃敬献得长寿　吴杰

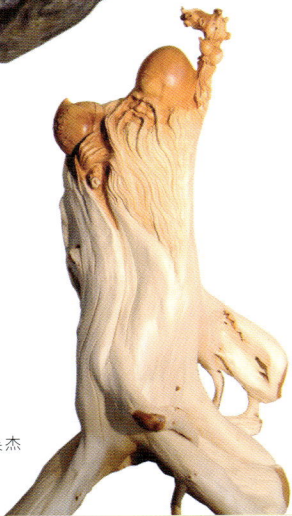

寿比长江水　林成阳

和谐长乐　品根斋

有限岁月惜晚情　郑剑夫

寿与日月同辉　吴建锋

鹤鹿寿星　陈财友

七、彭祖—中国的长寿之祖

彭祖，又称彭铿，传说中的彭姓祖先。因擅长调制味道鲜美的野鸡汤，受到帝尧的赏识，后受封于大彭（今江苏徐州）。中国烹饪史略称彭祖"是我国第一位著名的职业厨师"，而且是"寿命最长的厨师"，至今被尊为厨行的祖师爷。

彭祖自尧帝起，历夏、商，到商代末年，已有767岁，尽管这么大年纪，可他仍不显衰老。耳不聋，眼不花，背不弯，腰腿不疼。彭祖娶妻四十九人，生子五十四人，相传活了880岁。彭祖平素好恬静，专心修道，不愿为官，不爱政治，长于养生延年之术。平时，常吃桂芝，能用水晶、云母粉、鹿角制成丹药进补，所以容颜和少年一样红润。他的养生之道被后人整理成为《彭祖养性经》、《彭祖摄生养性论》传世。

先秦时期，彭祖在人们心中是一位仙人。《列仙传》把彭祖列入仙界，汉代以后，彭祖逐渐成为神话中的人物，被誉为为中国的长寿之祖。

彭祖以880岁的高寿，荣获中国长寿之祖的桂冠，并列入神仙的行列。我们相信，人类能不断地向人生寿命的极限挑战，活出质量，活出长寿。因为人们越来越懂得"莫道人生无百岁，须知草木有重春"的哲理。

造型艺术家们以各种不同的材质，为寿翁彭祖创作了众多的造型，现录如下，供大家欣赏。

养生修牲　张立人

彭祖　邱日炎藏

养生之术　李星

长寿之祖　张立人

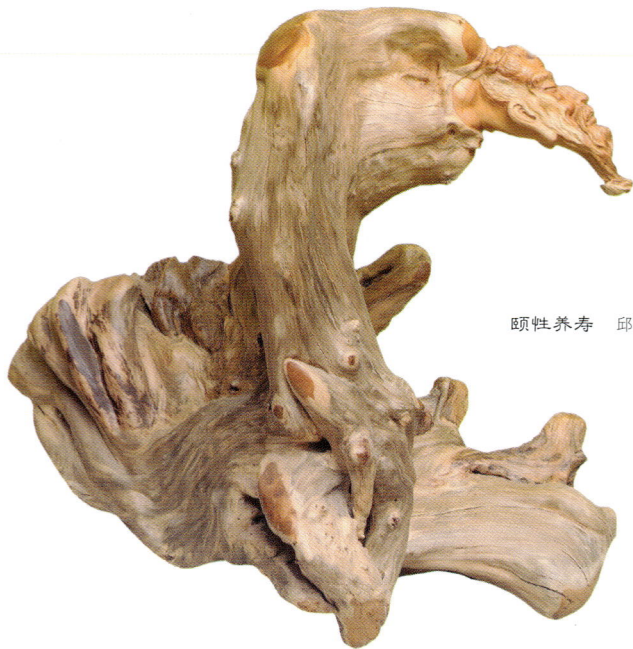

颐牲养寿　邱日炎

讲授长寿之道　吴杰

再活百年　吴友冠

年年有鱼（余）得长寿　金城

仁者无量寿　李星

活得逍遙　谭荣初

乐在其中　张立人

袖（寿）有乾坤　林健生

紫气常绕高寿翁　佚名

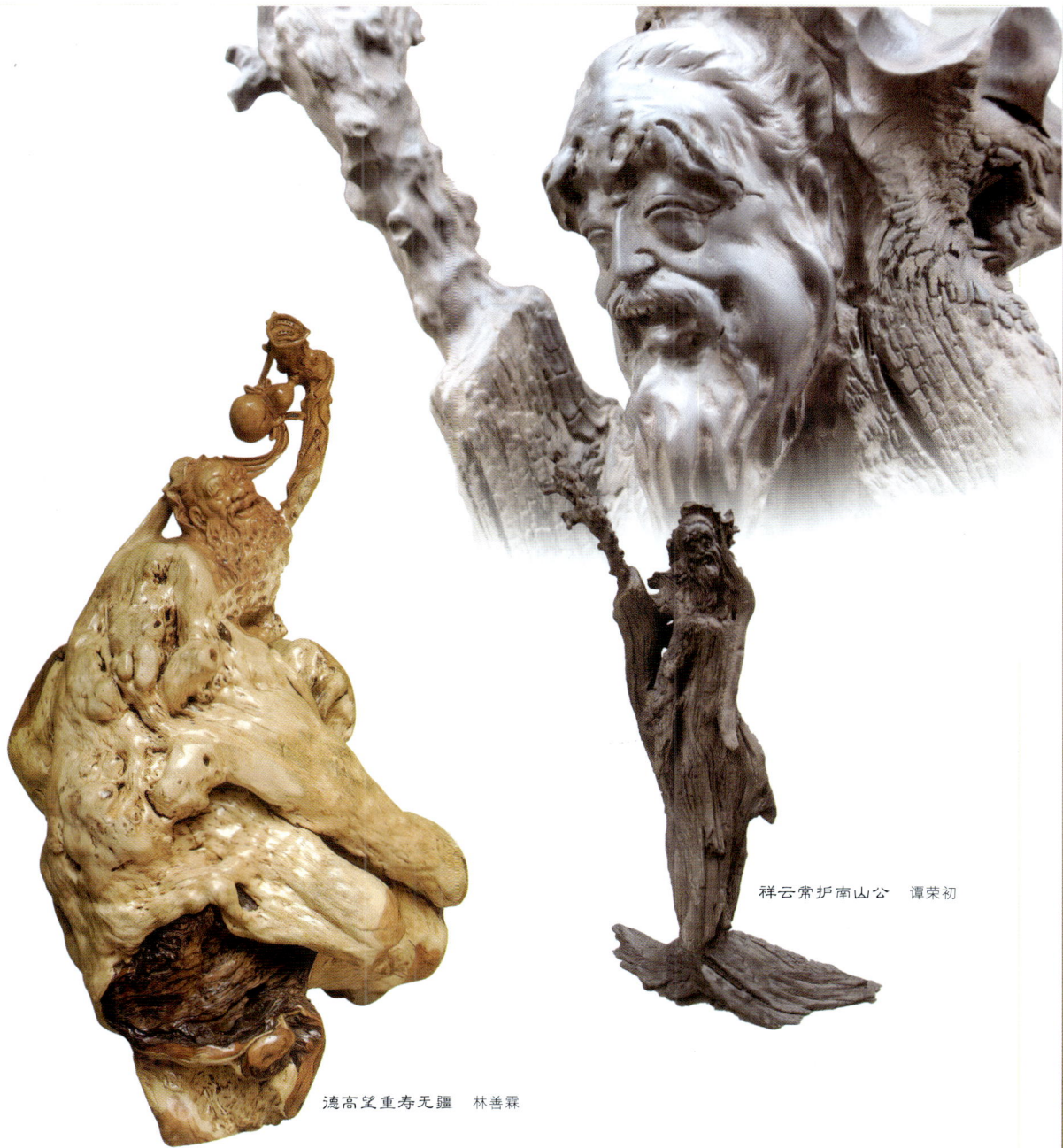

祥云常护南山公　谭荣初

德高望重寿无疆　林善霖

人生百岁春　荣初

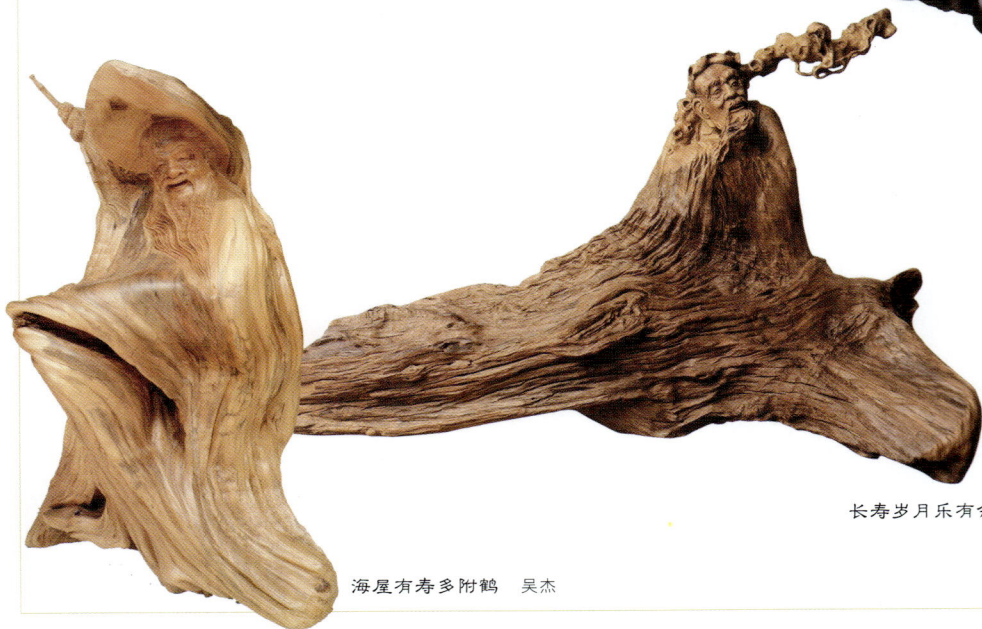

长寿岁月乐有余　邱日炎

海屋有寿多附鹤　吴杰

八、财神——掌管大地财富的神明

财神是道教俗神，是我国民间供奉十分普遍的一尊掌管大地财富的神明。对财神的来历，流传着多种不同的说法，其中最多的说法是财神有文财神和武财神之分。文财神又称为"财帛星君"、"增福财神"，其外形为天官模样，头戴宰相帽，身穿红色蟒袍，手持如意或元宝。民间认为文财神就是我国上古时期最早也最有名的忠臣比干，他心地纯正，率直无私，故被后世人奉为财神。谭荣初、俞赛炜、赵茹君、邱日炎等造型艺术家们都以自己的风格，创作了一批文财神形象，造型生动，富有气势，脸部满面春风，给人一种生机勃勃的活力，告诫人们发财致富要取之有道。

大道生财　林格锋藏

文财神　俞赛炜

生意勃兴财运旺　谭荣初

大德启源财运到　佚名

祥集财门　陈盘大藏

财星高照　邱日炎藏

财帛星君　赵茹君

武财神为赵公明，他本为终南山人，自秦时就隐居深山，精修至道，功成之后，玉皇大帝封他为"正一玄坛元帅"，简称"赵玄坛"。旧时财神庙和各家各户所供的武财神，乌面浓须，怒睁圆眼，头戴铁冠，一手执钢鞭，一手捧元宝，身下还跨有黑虎，极其威武，故又有"黑虎玄坛"之称。传说这位赵公元帅主持公道，只要人们买卖求财讲究信义，他都会给予保护，故信他者颇多。过去，崇文尚武的不同人家各有所司，崇文的人家供奉文财神，尚武的人家供奉武财神。文武之道虽不同，却都各有财可发。

关公在民间有很大的影响，他那仗义疏财的特性，让人们拥戴，故有不少地方尊奉关公为武财神。

武财神关公　黄文寿

武财神赵公明　佚名

九、钟馗——镇鬼祛邪的吉祥神

钟馗是中国民间俗神信仰中最为人们熟悉的角色，从唐明皇时代开始，钟馗已经是声名显赫的捉鬼大神。每到年节喜庆日子，人们都要张挂他的画像镇鬼祛邪。钟馗的造型无处不在：贴于门户，他是镇鬼祛邪的门神；悬在中堂，他是禳灾祛魅的灵符；出现于傩仪中，他是统鬼斩妖的猛将，由此派生出形形色色的钟馗戏、钟馗图、钟馗型。对普通百姓来说，"钟馗打鬼"之类的故事几乎人人熟知，钟馗信仰在民间的影响既深且广。

从外形上来说，钟馗是中国古代诸神中形象最为丑陋的一位，并且总是与阴间恶鬼相伴为伍，成了民间传说中专门捉鬼、斩鬼、吃鬼的鬼王。此后，钟馗逐渐成为历代宫廷画家和文人画家偏爱的题材之一，并在民间信仰和民间绘画中广泛流传。钟馗在人们心目中的作用越来越大，他既能驱妖辟邪，也能引福归堂。钟馗的造型，在艺术家们的手下也逐渐往神勇可亲的方面发展，有的艺术家甚至强调"钟馗不丑"，竭力追求壮美，把钟馗塑造成名副其实的"古丈夫"、"美髯公"。民间还有"钟馗嫁妹"的传说，讲的是钟馗中了状元，皇帝见他面目丑陋就把他得的状元免去了，钟馗一怒之下，撞阶而死，他的同乡好友杜平将他安葬。为感报杜平的情义，钟馗将自己的妹妹嫁给了杜平。钟馗作为一个特殊的艺术形象，貌陋心美，对鬼凶对人善，又能引福归堂，因此成了造型艺术家手中的常见题材。这里，我们特撷取著名艺术家柳成荫用紫砂创作的一组钟馗造像及根雕艺术家创作的钟馗形象，供大家欣赏。

浩然正气　柳成荫

誓扫天下妖　柳成荫

誓为人间扶正气　柳成荫

醉中掌乾坤　柳成荫

誉为人间拔不祥　柳成荫

明察秋毫　李青圣

去邪耀人宇　林公升

十、上古传说中的神仙

　　在中国上古时代，天气的变化、季节的转换、洪水猛兽等，对原始人来说，都是难以克服的巨大威胁，因而就产生了《精卫填海》、《羿射九日》、《女娲补天》等神话故事，而这些神话故事中的主人公便成了造型艺术家们创作的素材。

　　精卫填海是《山海经》记叙的一则故事，说的是中国上古时期一种叫精卫的鸟努力填平大海的动人情景。精卫原来是炎帝宠爱的女儿，名叫女娃。有一天，她去东海游玩，突然风暴袭来，她被滚滚波涛卷走了。女娃去世后，变成了"精卫鸟"。精卫十分痛恨波涛翻卷的大海，便去西山衔来石子和树枝，一次又一次投到大海里，力志要把东海填平。晋代诗人陶渊明写的"精卫衔微木，将以填沧海"就记述了这个传说。　世人常因炎帝小女儿被东海波涛吞噬化成精卫鸟而叹息，更为精卫鸟衔运西山木石以填东海的顽强执著精神而感动。木雕艺术家汇晓以写实的手法，将精卫艺化成炎帝的女儿女娃，创制者刻画了精卫婀娜健美的体态和矢志不渝的填海信念。

精卫填海　江晓

精卫填海（局部）

后羿射日　佘国平

后羿，又称"夷羿"，相传是夏王朝东方族的一位首领，善于射箭。当时天上有十个太阳，烧得草木、庄稼枯焦，人们无法生活。后羿为了救百姓，一连射下九个太阳，从此地上气候适宜，万物得以生长。他又射杀猛兽毒蛇，为民除害。民间因而奉他为"箭神"。木雕艺术家佘国平刻画的后羿，是一个武士形象，他左手掌弓，右手握拳，气宇轩昂，表现了他解民于倒悬的坚定信心。那壮健的体魄，那坚定的毅力，使人们相信他有这个为民除害的信念。

传说盘古开天辟地，女娲用黄泥造人，日月星辰各司其职，子民安居乐业，四海歌舞升平。后来共工与颛顼争夺帝位，导致天柱折，地维绝，四极废，九州裂。当时，天倾西北，地陷东南，洪水泛滥，大火蔓延，人民流离失所。

女娲看到她的子民们陷入巨大灾难之中，十分关切，决心炼石以补苍天。于是她周游四海，遍涉群山，最后选择了东海之外的天台山，因为只有天台山才出产炼石用的五色土。女娲在天台山顶堆巨石为炉，取五色土为料，又借来太阳神火，历时九天九夜，炼就了五色巨石 36500 块。又历时九天九夜，用 36500 块五彩石将天补好。

天是补好了，可是却找不到支撑匹极的柱子。要是没有柱子支撑，天就会塌下来。情急之下，女娲只好将背负天台山之神鳌的四足砍下来支撑四极。女娲补天之后，天地定位，洪水归道，烈火熄灭，四海宁静。人们在天台山载歌载舞，欢庆补天成功，同时在山下建立女娲庙，世代供奉，朝拜者络绎不绝，香火不断。木雕艺术家陈先锋以自己的创作理念，把女娲补天的形象定格在作品中。

女娲补天　陈先锋

女娲补天（局部）

十一、东方朔—长寿和智慧的圣神

智圣东方朔　福建木友堂藏

　　东方朔，生于公元前154年至公元前93年，今山东陵县人，为西汉时期的文学家，曾官至太中大夫。他性格率直耿介，举止言谈诙谐滑稽，且体恤黎民百姓，为民间敬重和乐道。后道家又将其列入神仙，在民间被称为"智圣"。

　　有关东方朔的传说很多，其中最为深远的便是"东方朔偷桃"。传说王母与汉武帝相会时，东方朔从窗户外向内偷看，王母指着东方朔说："此儿曾三偷我桃苑中桃。"原来东方朔曾三度上天偷桃，偷出仙桃后被仙吏追到，东方朔靠着嘴上的辩词，不仅引得西王母的开心，还赢得琼浆玉液的赏赐，使东方朔带醉而归。而西王母的蟠桃是3000年一熟，食一枚，寿与天齐，而东方朔每一熟偷一次，加起来偷了三次，足见其寿命之长，故东方朔被奉为寿星，后世常用东方朔偷桃作寿辰庆贺之用。造型艺术家们用根雕的形式再现了这位智圣和寿翁的风采。

寿翁东方朔　　佚名

东方朔偷桃　闵国霖

东方朔　朱振华

十二、五岳大帝——巍峨五山的魂魄

　　五岳大帝是指东岳泰山大帝、南岳衡山大帝、西岳华山大帝、北岳恒山大帝、中岳嵩山大帝。其信仰源于中国古代的山川崇拜，古人认为巍峨大山，高峻雄伟，神秘莫测，令人敬佩又令人恐惧。于是人们祀之为神，顶礼膜拜。

　　东岳大帝就是泰山神。东岳泰山为五岳之首，泰山神作为泰山的化身，是上天与人间沟通的神圣使者，是历代帝王受命于天，治理天下的保护神。根据中国古老的阴阳五行学说，泰山位居东方，是太阳升起的地方，也是万物发祥之地，因此泰山神具有主生、主死的重要职能。

　　秦汉之前，古人认为泰山为"峻极之地"，是人与天相通的神地所在，对之特别崇拜畏敬。从东汉开始，泰山被人格化了，于是出现了一个东岳大帝，他是治鬼的神，据说人死后魂归泰山，遂属东岳大帝管辖之下。东岳大帝的来历有两种说法：一是金虹氏，金虹氏在大昊伏羲氏时封为太岁，汉明帝时封为泰山元帅；另一种说法，东岳大帝是《封神演义》中的黄飞虎，管天地人间吉凶祸福，执掌幽冥地府。民间传说，他是阎罗王的上司，可见其影响之大。

东岳大帝（局部）

东岳大帝　叶萌春

中国传统题材造型 **神仙**

南岳大帝名叫崇黑虎，又称"南岳衡山司天始圣大帝"，历代帝王均有祭典。南岳大帝掌管星象分野及水族鱼龙的事务。

南岳大帝（局部）

南岳大帝　叶萌春

西岳大帝　叶萌春

西岳大帝（局部）

西岳大帝名叫蒋雄，又称"西岳华山金天顺圣大帝"，黄帝曾亲封华山，历代帝王也有崇祀。

北岳大帝名叫崔英，又称"北岳恒山安天玄圣大帝"，历代帝王均去奉祀。

北岳大帝（局部）

北岳大帝　叶萌春

中岳大帝　叶萌春

中岳大帝名叫闻聘，又称"中岳嵩山中天崇圣大帝"，历代帝王均去奉祀。

五岳大帝的造像主要在各地的庙堂中，其中以东岳大帝的造像最多，在全国各地的市县乡镇中大多建有东岳庙，供奉着东岳大帝的造像。2011年3月，浙江上虞大舜庙竣工，这是江南一座上规模的大庙，在两侧的配殿里，便有高级工艺美术师叶萌春创制的五岳大帝木雕彩绘造像。这五尊造像虽是殿宇式的供奉像，却有新意，创制者以四两拨千斤的手法，在坐像中注入了生机勃勃的活力，如手臂的摆动，自然而洒脱；手中的持物，或朝笏，或羽扇，或文卷，各有不同。特别在面部的刻画上，注入了神韵，耐人细看。在色彩的描绘上，也有独到之处，每尊坐像在一个主色调的统一下，给予丰富，显得多姿多彩，既符合大众的欣赏习惯，又有书卷气，艳而悦目，凌跨雅俗。

中岳大帝（局部）

十三、花神—万紫千红中的娇美之魂

在中国，百花各有其司花之神，也各拥有一段美丽的故事。在百花的传说中，以农历中的十二个月令的花神传说最令人神往。民间把农历二月十二日定为百花生日，清代蔡云有诗云："百花生日是良辰，未到花朝一半春；红紫万千披锦绣，尚劳点缀贺花神。"讲的正是百花盛开为花神祝寿的景象。

花神是谁？有种种传说，说法各异。其中，历代文人墨客在玩味和吟咏百花中，弄出许多趣闻轶事来，从中造就出12个月的花神：一月"梅花"江采苹；二月"杏花"杨玉环；三月"桃花"戈小娥；四月"牡丹"丽娟；五月"石榴"公孙氏；六月"莲花"西施；七月"玉簪花"李夫人；八月"桂花"绿珠；九月"菊花"梁红玉；十月"芙蓉"貂蝉；十一月"山茶花"王昭君；十二月"水仙"甄宓。这十二个花神均是历代有影响的仕女，造型艺术家们便以此为依据，创作了各种花神的形象。

花神　周洪祥

花莲花仙神　孙洪锋

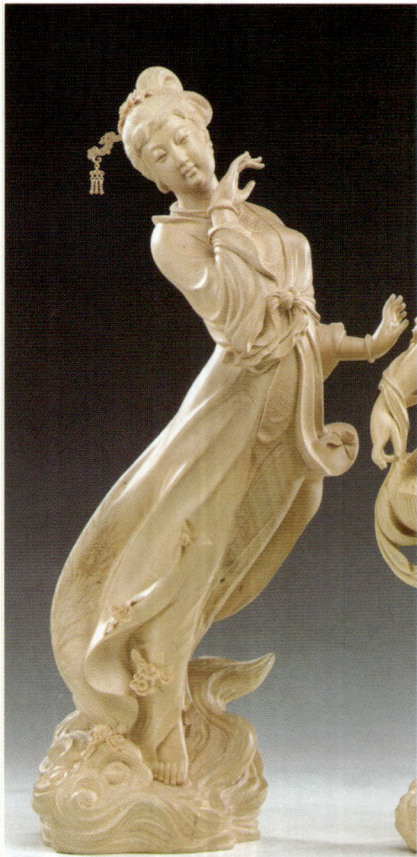

桃花花神　江晓、佘向群　　　莲花花神　江晓、佘向群　　　菊花花神　江晓、佘向群

梅花花神　江晓、佘向群

花中之神　佚名

十四、魁星—主宰科举考试的神明

魁星，就是魁斗星，为二十八宿中的奎星，是主宰科举考试的神。相传魁星生前长得奇丑，不仅满脸麻子，而且还是跛脚，然而，魁星貌丑志气高，他发愤努力，去进取功名，居然高中。殿试时，皇帝问他的脸为何长了那么多麻子？他说"麻面满天星"。问他为何跛脚？他说"独脚跳龙门"。皇帝见他答得有理，便录取了他。魁星成了主宰科举考试的神后，常常手拿一支笔，专门点考试中榜者的姓名，谁梦见魁星，谁就能成为考场中的幸运者。读书人信奉魁星的风俗早在宋代就有，而在明、清大为流行。

魁星虽然面貌丑陋，造型艺术家们却为他创作了生动的形象。刘小平、王国华创作的"独占鳌头"让魁星一脚站鳌头，一脚跛起往后踢星斗，一手捧墨，一手执笔，取"魁星点斗，独占鳌头"的祥瑞之意。全身造型充满了动感之美。吴杰用柏树创作的"魁星"，则是手拿试卷，脚踏鳌头，进入考场的形象。

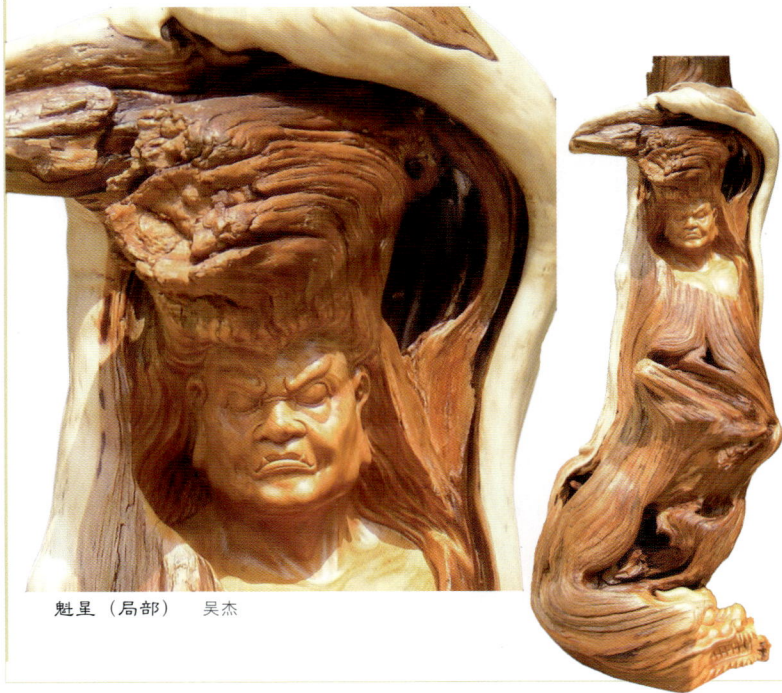

魁星（局部） 吴杰

魁星 吴杰

独占鳌头　刘小平、王国华

独占鳌头（局部之一）

独占鳌头（局部之二）

十五、舜—中国的远古大帝、神帝

舜，是中国的远古大帝、神帝，传说目有双瞳而取名"重华"。他家境清贫，自小经历坎坷。舜对虐待、迫害他的父母坚守孝道，故在青年时代即以孝行而闻名。尧将两个女儿嫁给舜，舜使二女与全家和睦相处，各方面都表现出卓越的才干。后来尧让舜参与政事，处处显示出舜的治国方略和政治才干。经过多方考验，舜得到尧的认可，并禅位于他。舜执政以后，改国号为"虞"，奉行一系列重大政治行动，使华夏大地呈现励精图治的崭新气象。

舜帝是道德文化的鼻祖，舜文化是道德文化。《史记》所载："天下明德，皆自虞舜始。"舜在年老的时候，认为自己的儿子商均不肖，就确定了威望最高的禹为继任者，并由禹来摄行政事。故舜与尧一样，都是禅位让贤的圣王。

2011年3月，浙江上虞大舜庙内耸起一尊大舜像，它是由中国美术学院潘锡柔教授设计的青铜像，高7.5米，基座2米，总高9.5米，宽5米，寓传统帝王九五之尊的威仪。大舜像造型介于人、神之间，神态端庄、威严，剑眉竖起，双眼远视，目光坚毅；嘴唇微闭，似刚刚发完号令作短暂的停顿，给人一种深谋远虑的气魄。舜帝右手扬起，似在召唤子民；左手护膝，给人一种亲和力。整座铜像中正祥和，气韵丰沛，庄重中折射慈爱，严峻中蕴含亲切，是不可多得的造型精品。

远古神帝 — 舜　潘锡柔

中国传统题材造型

神仙

十六、神间的仙趣仙境

中国的神仙历来天马行空，来去无踪，他们虽不食人间烟火，却栖身自然，魂归山川，衍生出许多神间的仙趣仙境。在这个章节里，我们撷取了艺术家们为神仙营造的生活和环境，以飨大家。

"清音"系根雕艺术家郑兴国的作品，采用的是大场景、大写意的创作手法，刻画了仙人与童子陶醉于大自然泉水中的情景。作品营造了人为实、景为虚的创作理念，虽不见泉水，却使我们感悟到他们正聆听着淙淙泉水的清音，意境深远，令人回味。而他创作的"神往"则有异曲同工之妙，几位童子聆听着仙人的讲述，稚气的脸上洋溢着憧憬，神往在仙人讲述的仙境中。

清音　郑兴国

清音（局部）

神注　郑兴国

神注（局部之一）

神注（局部之二）

根雕艺术家吴筱阳创作的"遨游人间五千年"，刻画了一位饱尝五千年历史风烟的岁月仙人，带童子屹立在老龟上遨游的形象。你看，岁月仙人身躯前倾，凝视前方，迎面吹来的历史风烟正掀开披在他身上那件遮风挡雨的陈旧大氅，然而，他仍一往无前，栉风沐雨，迎风挺立，头部微微昂起，坚毅的目光密切地注视着淼淼水波上的风云气象，为岁月仙人凭添几分沧桑。从他严峻而凝重的脸色神态看，他似乎洞察到前方将有一股潜在的风浪袭来，正运筹着避开这股岁月歪风的策略。身旁的童子肩扛行囊，紧紧依偎在仙人的身旁，脸上充满着信赖，誓与仙人风雨同舟，勇迎风浪。载负仙人与童子的老龟蕴含丰富的文化内涵，在上古的文献中，将龟甲的上盖比作天，下盖比作地，把龟背的纹理看作宇宙的缩影，认为龟能兆吉凶，寓长寿，负重行，是一种象征不朽和坚定的神秘灵物。

令人关注的是这件作品是用古沉木创制的，古沉木是数千年前深埋在水底泥沙中的枯木残根，随着年代的久远，在水底泥沙中浸泡和磨压下，形成了古朴凝重、铜打铁铸般的效果，显示出峥嵘不羁的力度。出土时的色泽亦各不相同，有棕色、有灰色、有紫色、有黑色、也有外红内黑或是黑皮黄心的。更令人称道的是它们不变形、份量重、密度强，好的古沉木，可与紫檀木媲美，真是奇谲而神妙。仙人、童子、老龟和古沉木的有机结合，为这件作品增添了几分神秘，几分玄机。

遨游人间五千年（局部）

遨游人间五千年　吴筱阳

别有洞天 郑剑夫

别有洞天（局部）

古沉木雕"别有洞天"是根雕艺术家郑剑夫创作的精品，一位得道仙人携带童子正在抬头仰看洞外的仙境，他是看到了天外有天的世外桃源，还是聆听到了九霄云外的天籁之音？这带给我们的是无穷的遐思。

俞赛炜创作的古沉木雕"品"，把我们带进另一个仙境。在烟雾缭绕的虚幻天地中，两位得道仙人正在讨论着各自的道义。也许，他们正谈到入巷处，一位仙人在忘情地讲述时，连胡须都直挺挺地往前冲出；另一位仙人则赞同他的观点，不时地点头认可，而一旁煮茶的童子也听得津津有味，轻轻地发出笑声。整件作品仙趣浓郁，饶有情味，2008 年 12 月，在中国根雕艺术精品展中荣获金奖。

品　俞赛炜

品（局部之一）

品（局部之二）

105

其他如"和谐同春"、"无尘圣境"、"骑鹿仙人"、
"大同世界"、"神间知己"、"人间正道"、"孺子可教"、
"养生修性"、"乐在其中"等作品，均是表现了神间仙
趣仙境中崇尚自然，热爱自然，天人合一的理念，促人遐思，
令人神往。

无尘圣境　郑剑夫

和谐同春（局部）　佚名

和谐同春　佚名

中国传统题材造型

神仙

骑鹿仙人　储宗梁

神间知己　邱日炎藏

谈古论今　张其仕

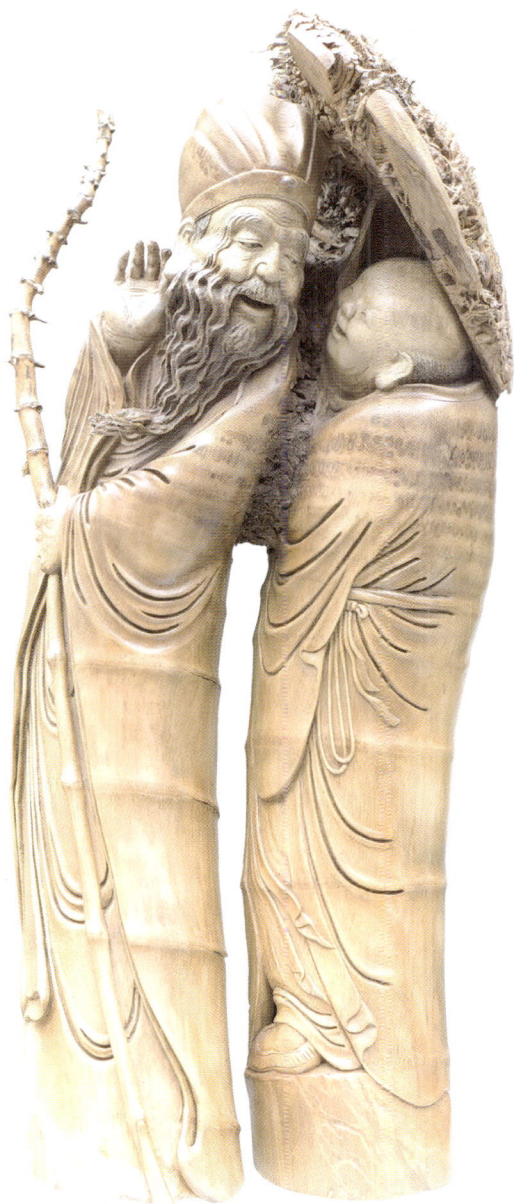

悄语醉神　王进敏

神天同构　佚名

大同世界　佚名

渔龟　吴筱阳

夜半钟声到渔船（局部）　象山竹根雕

夜半钟声到渔船　象山竹根雕

人间正道　品根斋

道法自然　郑剑夫、温州博物馆藏

志同道合　郑剑夫

孺子可教　范力铭

授道　品根斋

111

十七、神仙头部造像集锦

神仙的造型，让你在历史与现实、真实与幻觉之间感受一种诗意的美感。神仙是神，但也是人，是人生极限的扩大化，其脸部造型与人一样，是心灵的窗户，是造型中最为精彩的部位。因此，我们有代表性的选择了30余个神仙头部造像，供大家细细鉴赏。

神仙头部造像集锦之一　　张立人

神仙头部造像集锦之二　　谭荣初

神仙头部造像集锦之三　　吴建锋

神仙头部造像集锦之四　周皓

神仙头部造像集锦之五　周皓

神仙头部造像集锦之七　黄斌武

神仙头部造像集锦之六　张立人

神仙头部造像集锦之八　张立人

神仙头部造像集锦之九　裴晓东

神仙头部造像集锦之十　　清中期

神仙头部造像集锦之十一　裴晓东

神仙头部造像集锦之十二　赛炜

神仙头部造像集锦之十三　谭荣初

神仙头部造像集锦之十四　谭荣初

神仙头部造像集锦之十五　吴建锋

神仙头部造像集锦之十六　吴建锋

神仙头部造像集锦之十七　叶小鹏

神仙头部造像集锦之十八　上海帝王根艺

神仙头部造像集锦之二十　范力铭

神仙头部造像集锦之十九　陈盘大藏

神仙头部造像集锦之二十一　朱振华

神仙头部造像集锦之二十二　闵国霖

神仙头部造像集锦之二十三　　张立人

神仙头部造像集锦之二十四　　郑剑夫

神仙头部造像集锦之二十五　　叶萌春

神仙头部造像集锦之二十六　　叶萌春

神仙头部造像集锦之二十八
张立人

神仙头部造像集锦之二十七　王洪伟

神仙头部造像集锦之二十九　柳成荫

神仙头部造像集锦之三十　刘泽棉

神仙头部造像集锦之三十一　周洪洋

神仙头部造像集锦之三十二　俞赛炜

119

后记：从传统走向现代

　　三年前，我曾编著出版过《木雕神仙百态》一书，让人注目，评价不凡，故得到再次印刷。今我又推出《神仙》造型一书，并从单一的木雕往泥塑、紫砂、陶瓷、铜雕等各种门类的造型材质延伸。题材虽是传统的，但艺术家们表现的手法已逐渐摆脱了传统的窠臼而走向现代。

　　编著一本书，特别是编著一本上档次的好书，是作者文学素养与艺术造诣的结晶，对我来说，则是一次生命的燃烧。我把用3个月的日日夜夜编著的这本《神仙》造型书奉献到您的面前，期盼不吝指教。

　　在浩瀚的神州大地上，本书选择的神仙造型，仅是昆山片玉，邓林一枝，许多优秀的好作品还在我视线够不到的书外，因此，本书的出版仅起到抛砖引玉的作用。我期盼与更多的造型艺术家们结成朋友，吸纳更多的传统题材造型作品。这一方面让优秀的造型作品得到亮相的机会，特别是那些名不见经传而又身怀绝艺的民间艺人们能冒出"艺术的地平线"，使自己的人生价值得到体现。另一方面也让我以后出版的《佛陀》、《菩萨》、《济公》、《仕女》、《武将神将》、《文人雅士》、《民俗风情》、《花鸟》、《山水》、《神龙》、《动物》、等专集造型书的质量得到进一步提高。

　　谢谢您的开卷阅读。

徐华铛

2011 年 4 月于浙江省嵊州市
东豪新村 10 幢 3 单元 105 室 "远尘斋"

作者徐华铛在书斋中